Piano / Vocal / Guitar

BEST OF
JASON ALDEAN

ISBN 978-1-4803-5259-9

HAL•LEONARD®
CORPORATION

7777 W. BLUEMOUND RD. P.O. BOX 13819 MILWAUKEE, WI 53213

Visit Hal Leonard Online at
www.halleonard.com

AMARILLO SKY

Words and Music by KENNY ALPHIN,
JOHN RICH, RODNEY CLAWSON
and BARTLEY PURSLEY

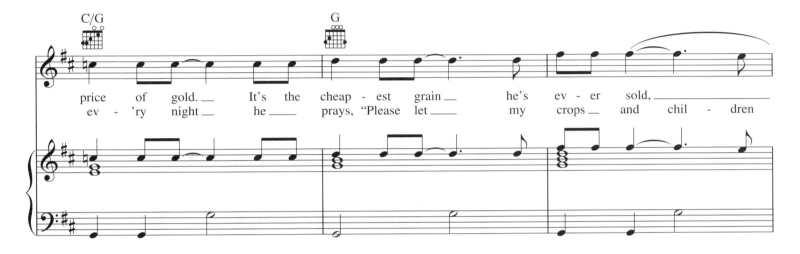

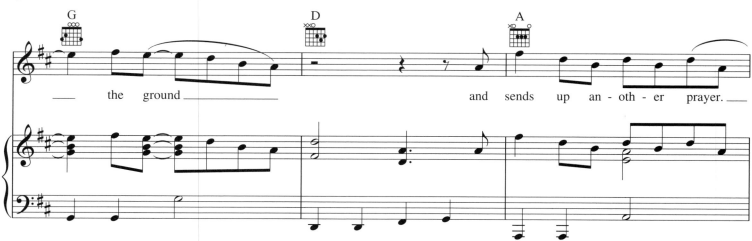

the ground and sends up an-oth-er prayer.

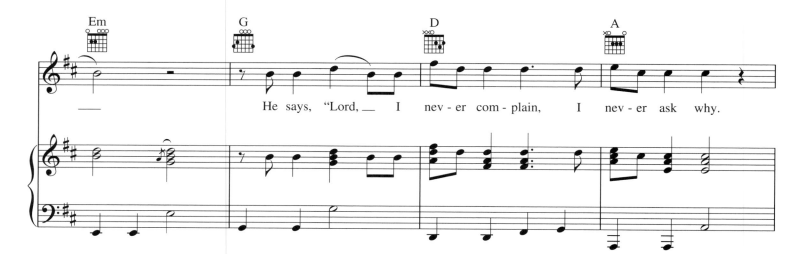

He says, "Lord, _ I nev-er com-plain, I nev-er ask why.

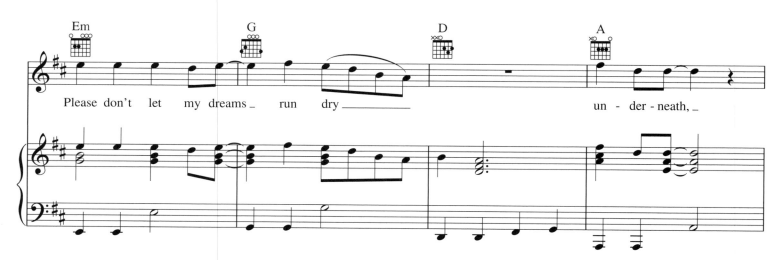

Please don't let my dreams _ run dry _____ un-der-neath, _

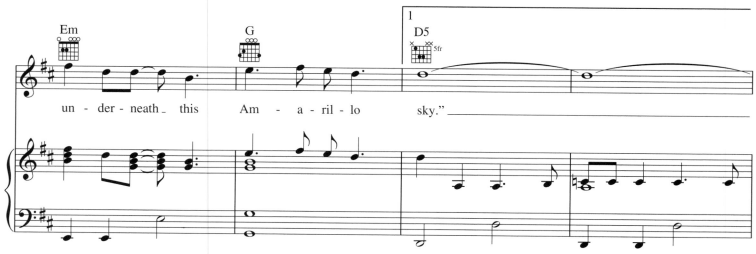

un-der-neath _ this Am - a-ril-lo sky." _____

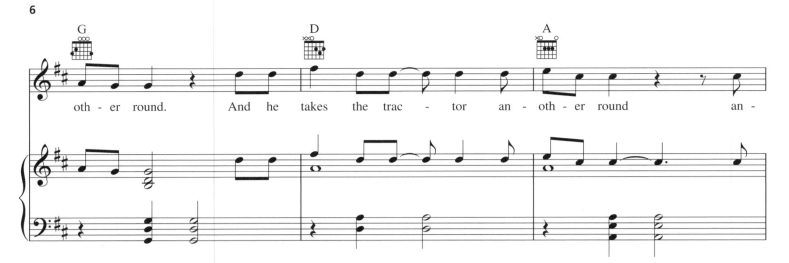

oth - er round. And he takes the trac - tor an - oth - er round an -

oth - er round. _____ He says, "I nev - er com - plain, I

nev - er ask why. Please don't let my dream ___ run dry _____

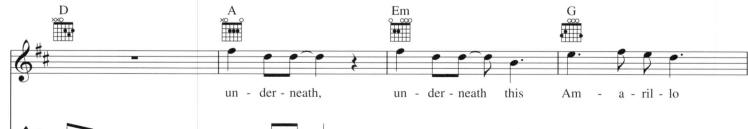

un - der - neath, un - der - neath this Am - a - ril - lo

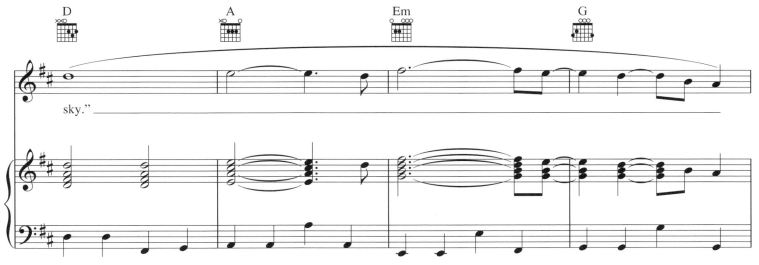

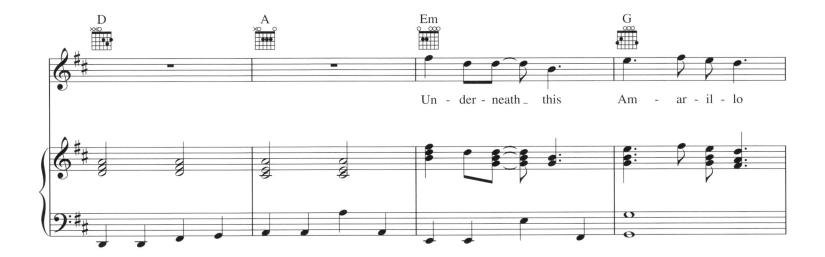

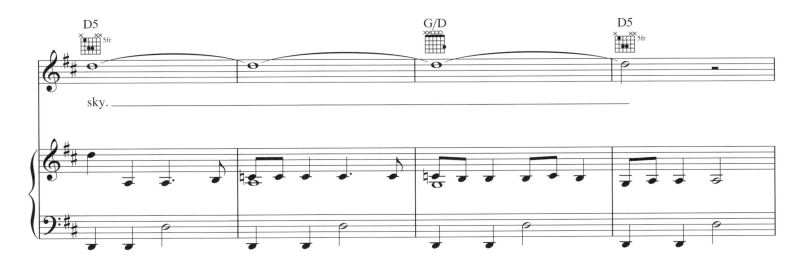

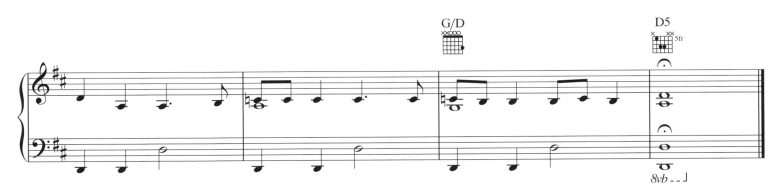

BIG GREEN TRACTOR

Words and Music by JIM COLLINS
and DAVID LEE MURPHY

She had a shin-y lit-tle Beem-er with the rag top down,___ sit-tin' in the drive, but she would-n't get out.___ The

dogs were all bark-in' and a wag-gin' a-round, __ and I just laughed __ and said, "You

all get in." __ She had __ on a new dress and she curled her hair. __ She was
"We can fire it up and I can show you a-round.

look-in' too good not to go some-where. __ Said,
Sit up on the hill and watch the sun go down. __ When the

"What you wan-na do, ba-by? I don't care. __ We can
fire-flies are danc-in' and the moon comes out, __ we can

10

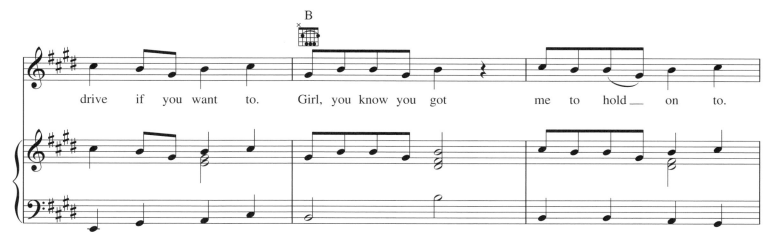

drive if you want to. Girl, you know you got me to hold __ on to.

We can go to town, but ba - by, if you'd rath - er, I'll take you for a ride on my

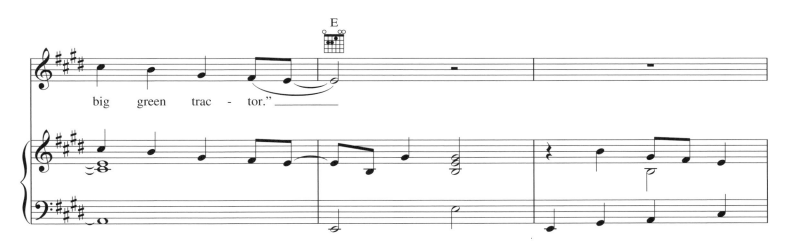

big green trac - tor." __

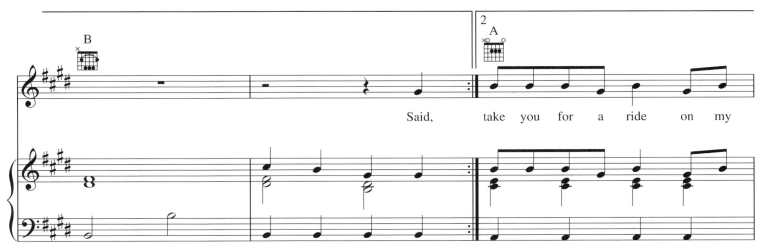

Said, take you for a ride on my

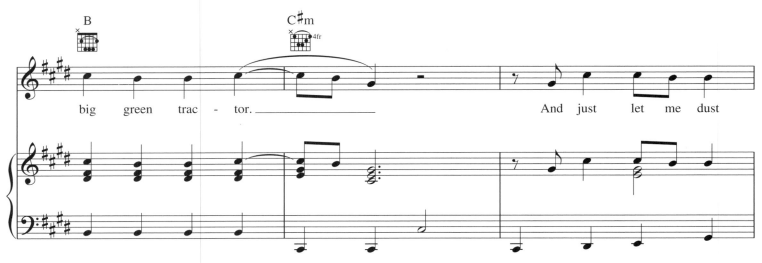

big green trac - tor. _____ And just let me dust

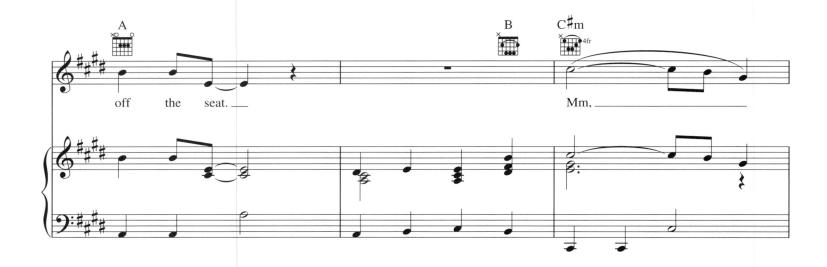

off the seat. ___ Mm, _____

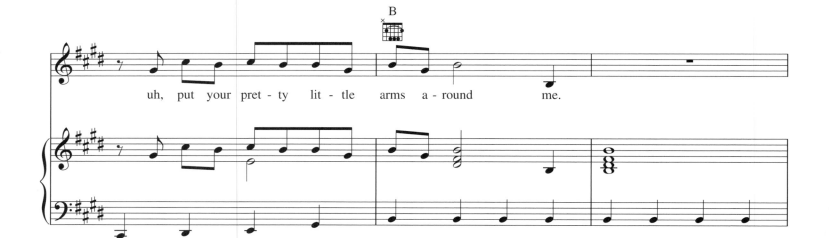

uh, put your pret - ty lit - tle arms a - round me.

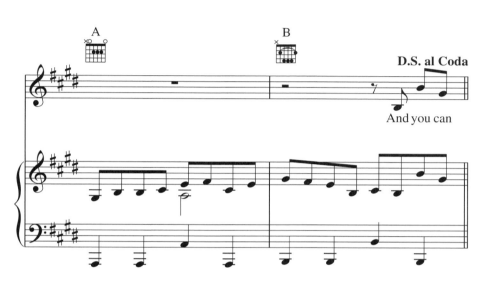

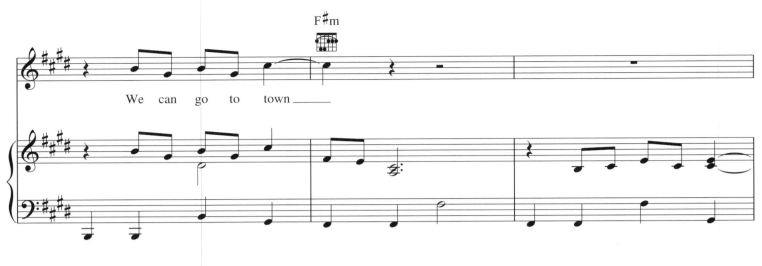

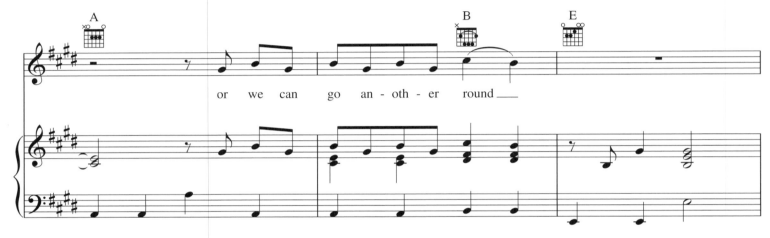

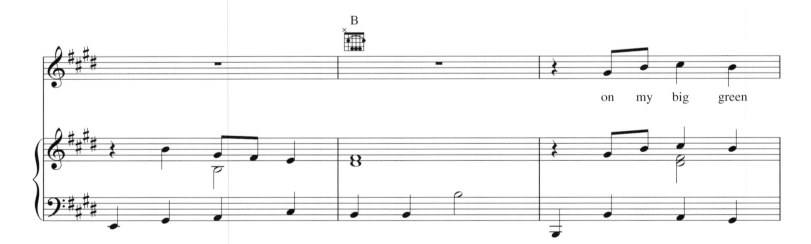

CRAZY TOWN

Words and Music by RODNEY CLAWSON
and BRETT JONES

Moderately

N.C.

mf

Roll __

__ in - to town, step __ off the bus, shake __ off the where you came __ from dust.

Grab your gui - tar, walk __ down the street, sign says Nash - ville, Ten - nes - see. __ But

Recorded a half step higher.

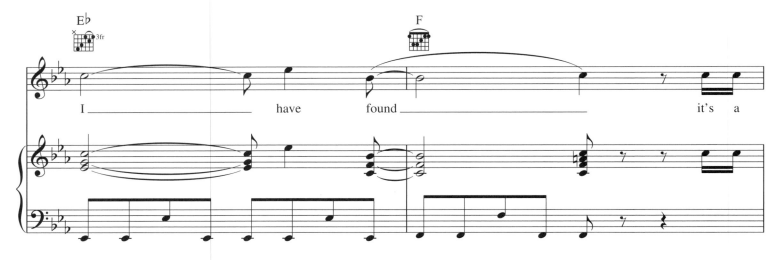

I _____ have found _____ it's a

cra - zy town _ full of ne - on dreams. _ Ev - 'ry - bod - y plays, ev - 'ry - bod - y sings.

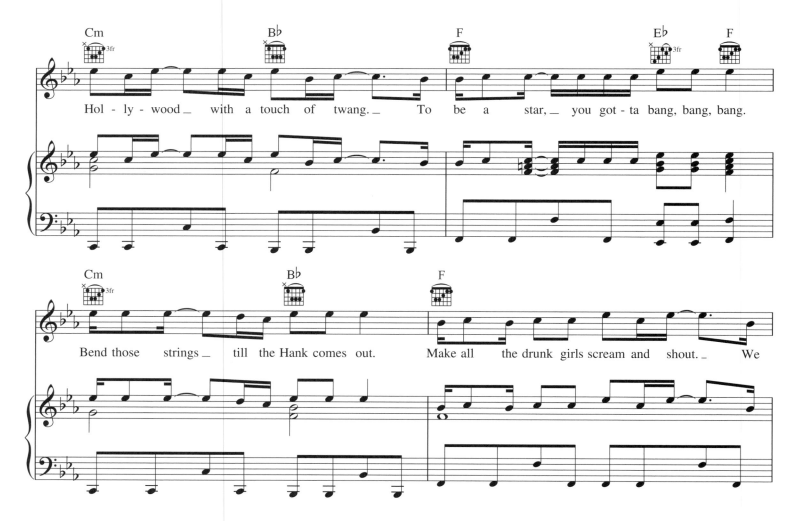

Hol - ly - wood _ with a touch of twang. _ To be a star, _ you got - ta bang, bang, bang.

Bend those strings _ till the Hank comes out. Make all the drunk girls scream and shout. _ We

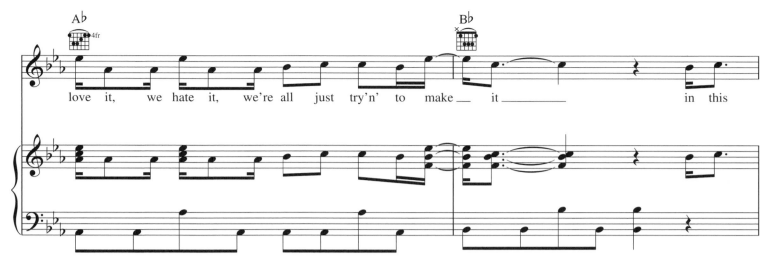

love it, we hate it, we're all just try'n' to make ___ it _____ in this

cra - zy town. _

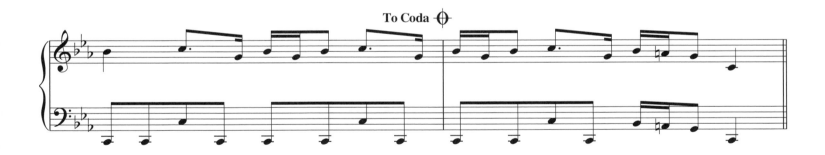

To Coda ⊕

Pay your dues _ and you play for free _ and you pray for a honk-y-tonk des - ti - ny. _ You

cut your teeth _ in the smok - ey bars _ and live _ off the tips from a pick - le jar _ till you

find a cool new sound _____ and you

smile when the rec - ord man _ shoots you down. _ It's a

D.S. al Coda

CODA

One year _ they re - pos - sess your _ truck, _

love it, we hate it, we're all just try'n' to make __ it. _____ We

love it, we hate it, we all came here to make __ it _____ in this

cra - zy town. __ It's a cra-

- zy town. _____

DIRT ROAD ANTHEM

Words and Music by BRANTLEY GILBERT
and COLT FORD

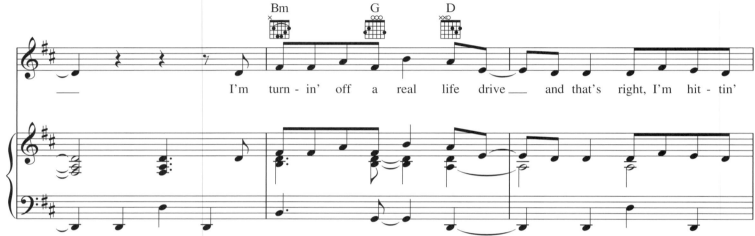

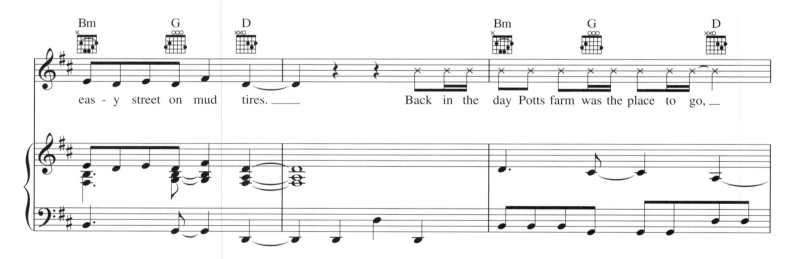

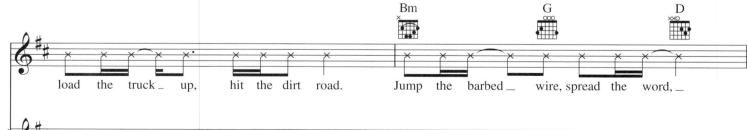

I'm turn-in' off a real life drive __ and that's right, I'm hit-tin' eas-y street on mud tires. __

Let's ride.

I'm

DON'T YOU WANNA STAY

Words and Music by JASON SELLERS,
PAUL JENKINS and ANDY GIBSON

Moderately fast

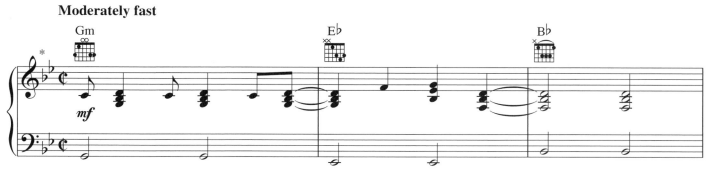

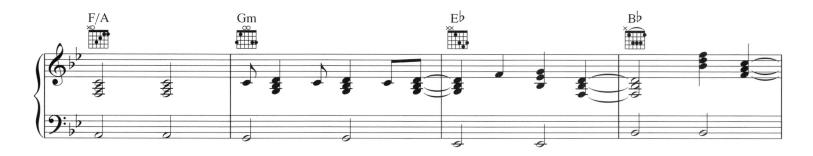

Male: I real-ly hate to let _____ this mo-ment go, _____

Female: Let's take it slow, I don't _____ wan-na move too

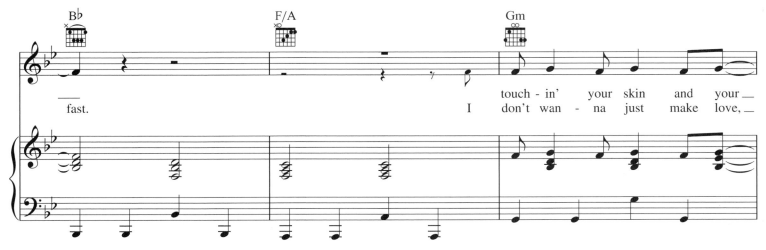

_____ fast.

touch-in' your skin and your _____

I don't wan-na just make love, _____

* Recorded a half step higher.

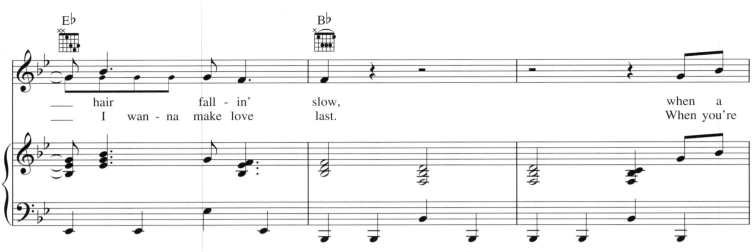

hair fall - in' slow,
I wan - na make love last.
when a
When you're

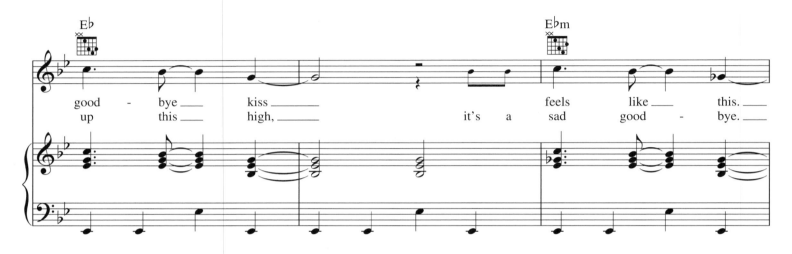

good - bye ___ kiss ___ feels like ___ this. ___
up this ___ high, ___ it's a sad good - bye. ___

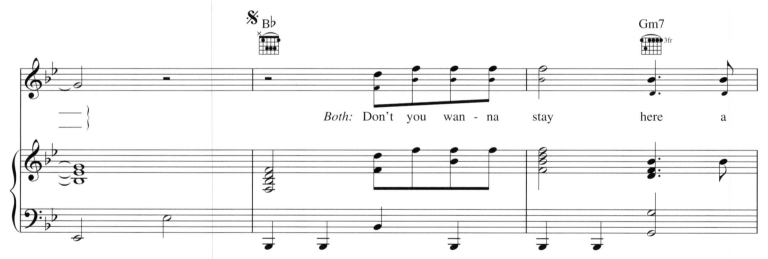

Both: Don't you wan - na stay here a

lit - tle while? Don't you wan - na hold each oth - er tight? ___

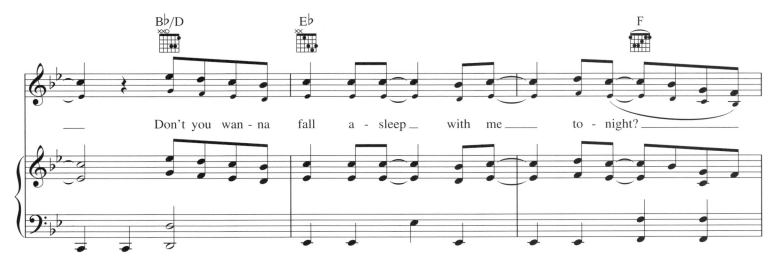

Don't you wan-na fall a-sleep___ with me ___ to-night? ___

Don't you wan-na stay here a lit-tle while?

We can make for-ev-er feel___ this way. ___

To Coda ⊕

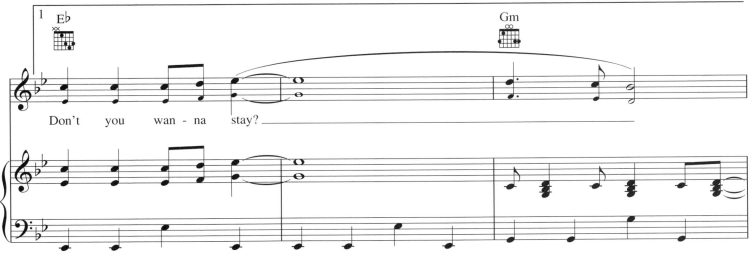

Don't you wan-na stay? ___

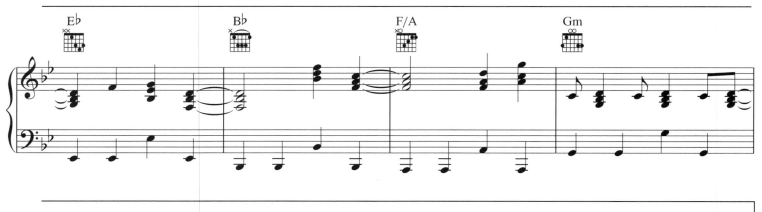

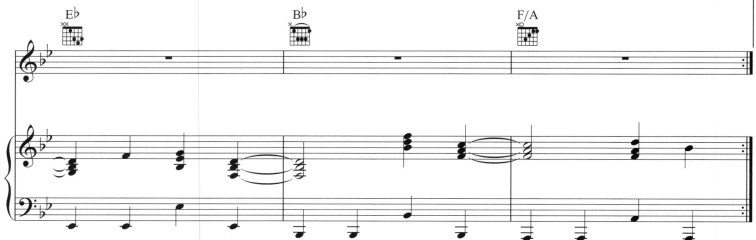

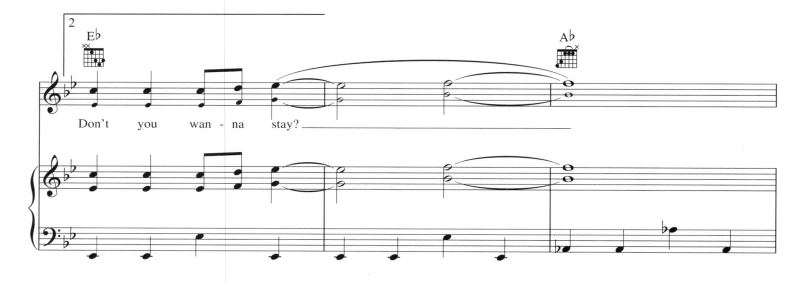

Don't you wan-na stay? _____

Male: Oh, it feels __

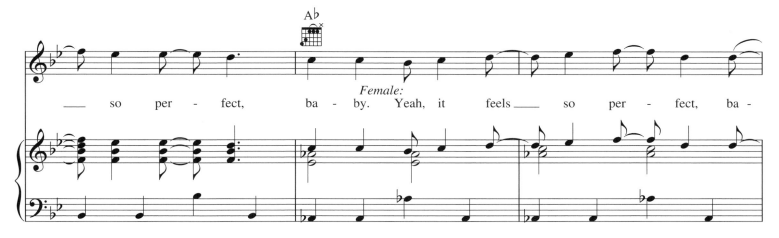

Female: ___ so per - fect, ba - by. Yeah, it feels ___ so per - fect, ba -

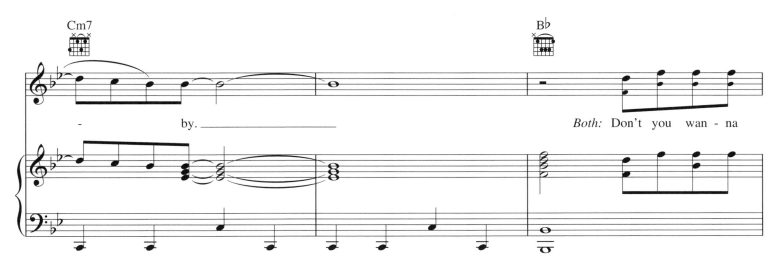

- by. ___ _Both:_ Don't you wan - na

stay here a lit - tle while? ___

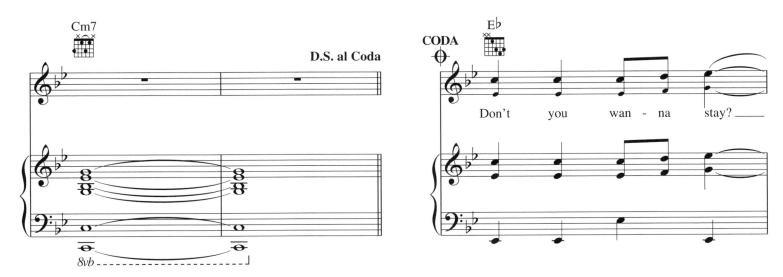

Don't you wan - na stay? ___

D.S. al Coda

CODA

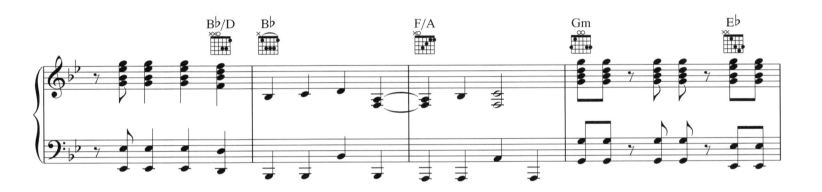

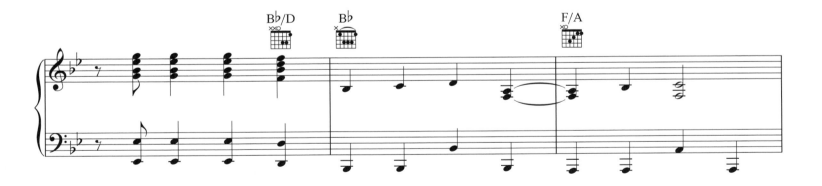

FLY OVER STATES

Words and Music by NEIL THRASHER
and MICHAEL DULANEY

Moderately

A cou-ple guys in first __ class on a flight __ from New __ York to __ Los An - ge - les, __

__ kind - a mak - in' small __ talk, kill - in' time, flirt - in' with the flight __ at - tend - ants

thir - ty thou - sand feet __ a - bove __ could be __ O - kla - ho - ma.

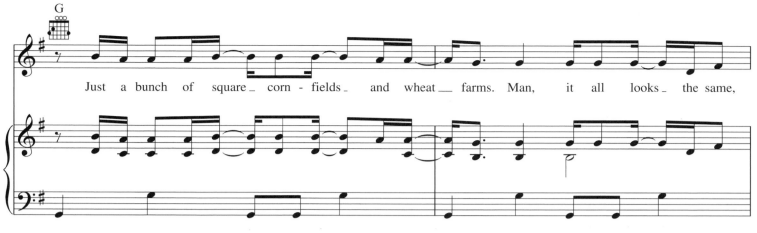

Just a bunch of square corn - fields and wheat farms. Man, it all looks the same,

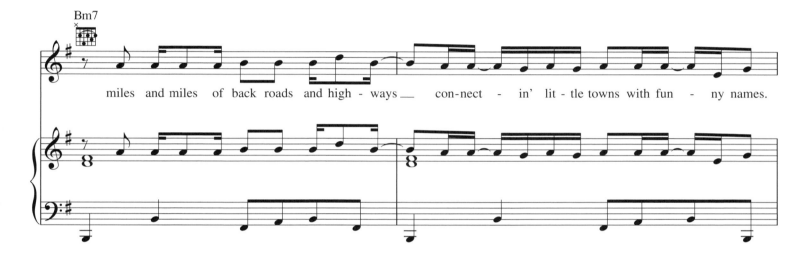

miles and miles of back roads and high - ways con - nect - in' lit - tle towns with fun - ny names.

Who'd wan - na live down there in the mid - dle of no -

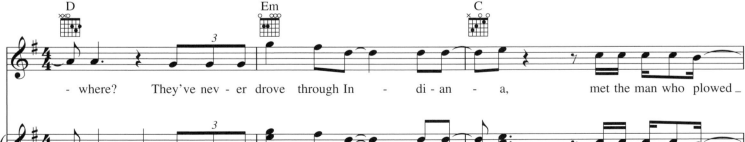

- where? They've nev - er drove through In - di - an - a, met the man who plowed

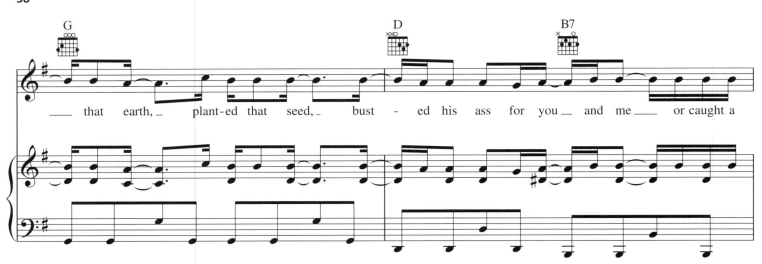

that earth, _ plant-ed that seed, _ bust - ed his ass for you _ and me _ or caught a

har - vest moon _ in Kan - sas. They'd un - der - stand

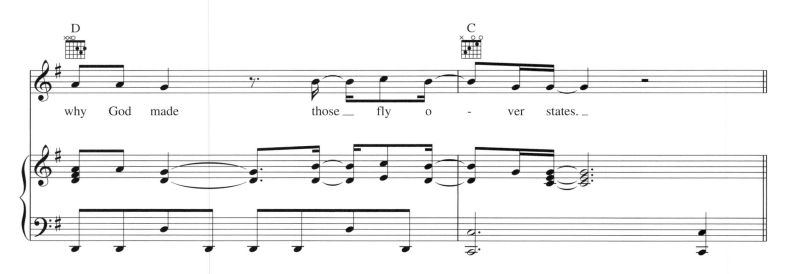

why God made those _ fly o - ver states. _

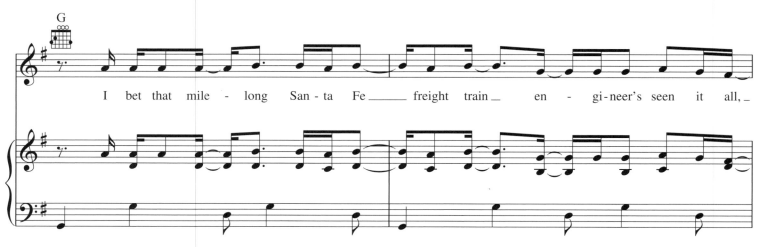

I bet that mile - long San - ta Fe _ freight train _ en - gi-neer's seen it all, _

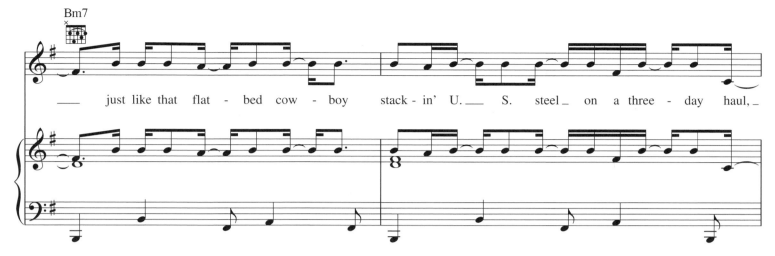

just like that flat - bed cow - boy stack - in' U.__ S. steel__ on a three - day haul, __

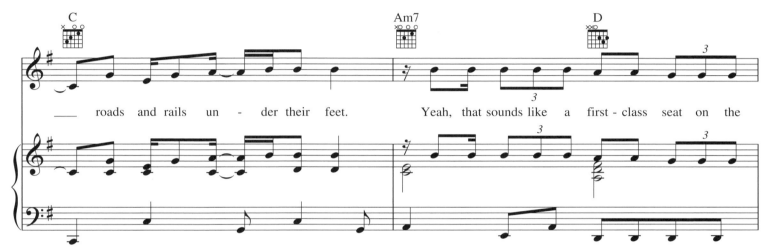

__ roads and rails un - der their feet. Yeah, that sounds like a first - class seat on the

plains of O - kla - ho - ma, with a __ wind - shield __

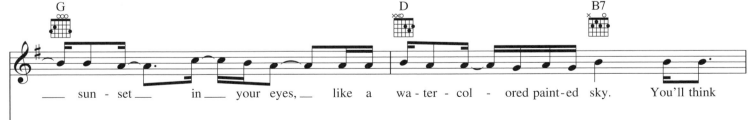

__ sun - set __ in __ your eyes, __ like a wa - ter - col - ored paint - ed sky. You'll think

Em   C   D

heav-en's doors __ have o - pened.   You'll un-der-stand   why God made   those __ fly o -

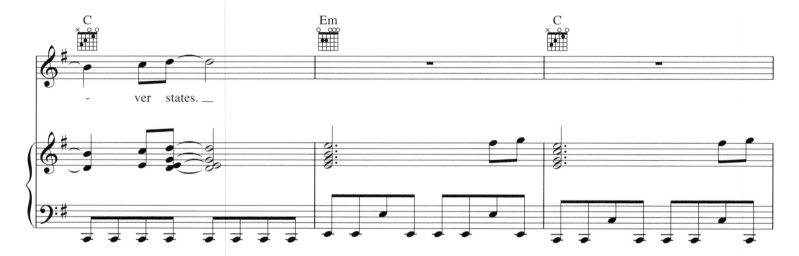

C   Em   C

- ver states. __

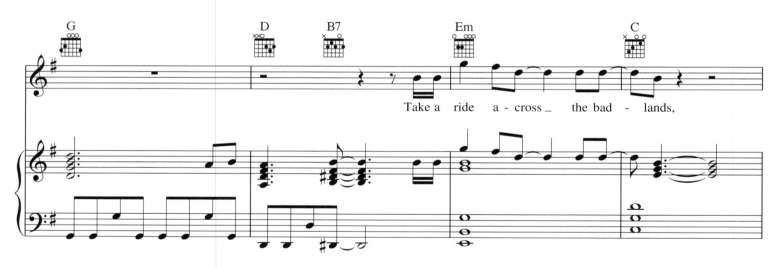

G   D   B7   Em   C

Take a ride a - cross __ the bad - lands,

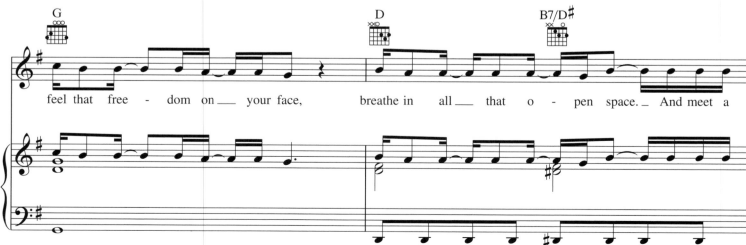

G   D   B7/D#

feel that free - dom on __ your face,   breathe in all __ that o - pen space. __ And meet a

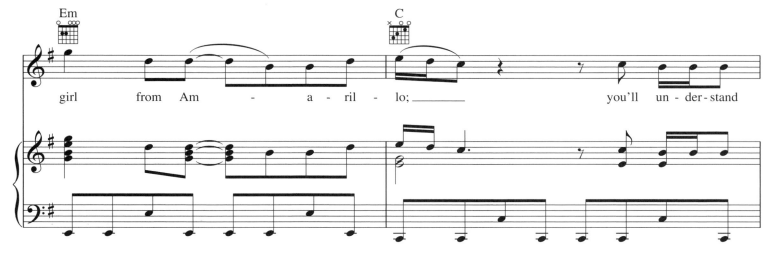

girl from Am - a - ril - lo; _____ you'll un - der - stand

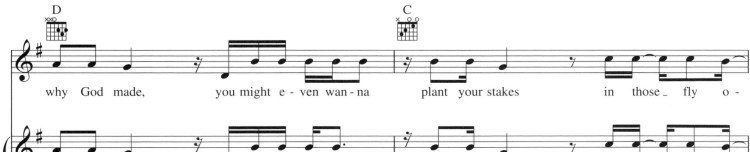

why God made, you might e - ven wan - na plant your stakes in those_ fly o -

- ver states. _____

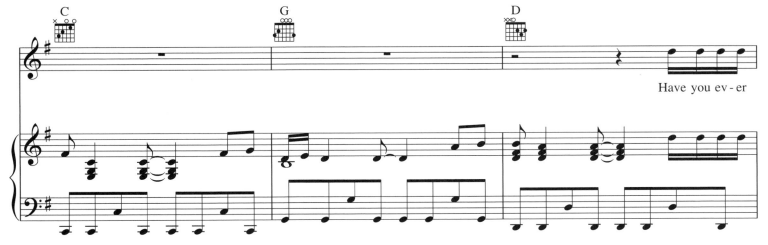

Have you ev - er

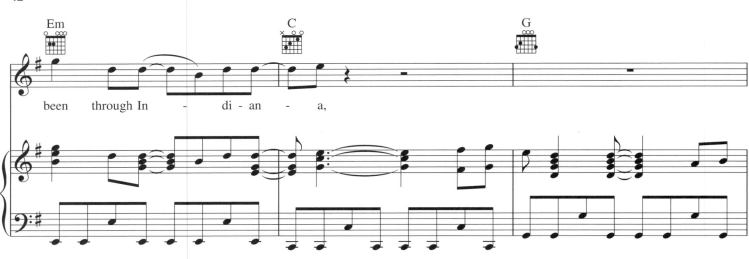

been through In - di - an - a,

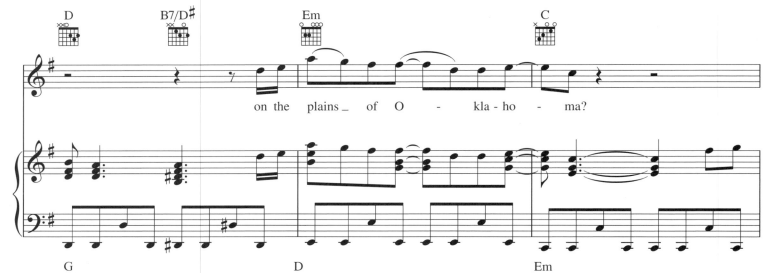

on the plains _ of O - kla - ho - ma?

Take a ride. _____

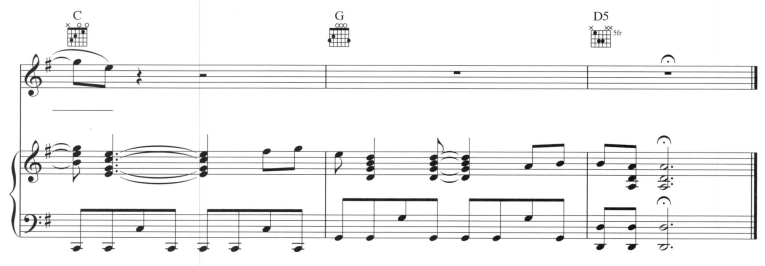

HICKTOWN

Words and Music by KENNY ALPHIN,
JOHN RICH and VICKY McGEHEE

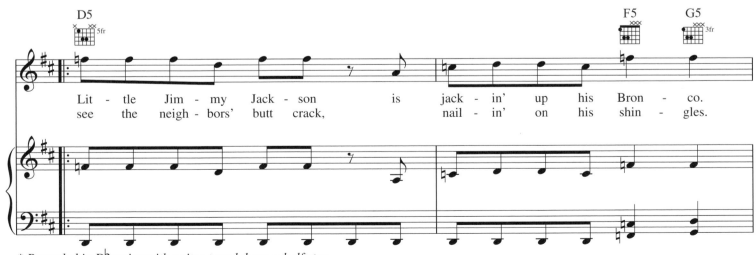

Lit - tle Jim - my Jack - son is jack - in' up his Bron - co.

see the neigh - bors' butt crack, nail - in' on his shin - gles.

* *Recorded in D♭ major with guitar tuned down a half step.*

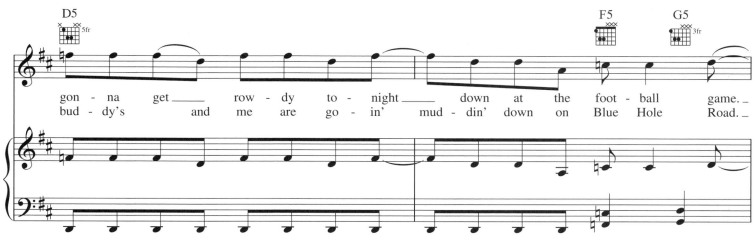

gon - na get _____ row - dy to - night _____ down at the foot - ball game. _
bud - dy's and me are go - in' mud - din' down on Blue Hole Road. _

Yeah, _____ we let it
You know, we let it

rip when _____ we got the mon - ey. Let it roll, if _____

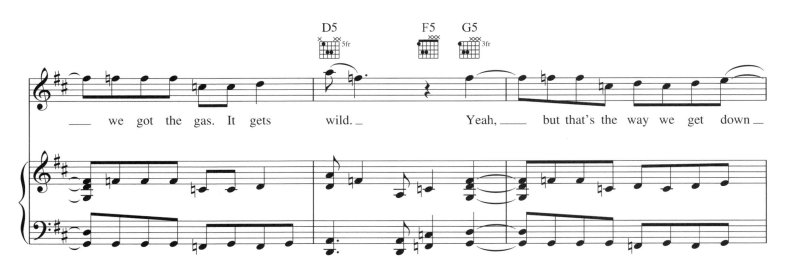

_____ we got the gas. It gets wild. _ Yeah, _ but that's the way we get down _

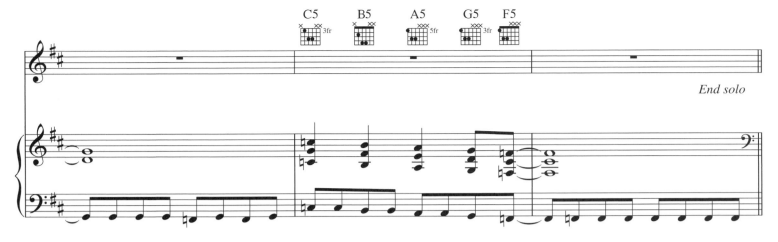

End solo

We hear folks in the cit-y par-ty in mar-ti-ni bars,

and they like to show off in their fan-cy for-eighn cars.___

Out here in the boon-docks we buy beer at Am - o - co, _____ and

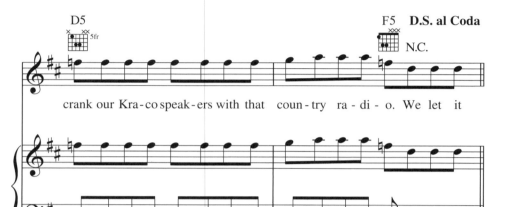

crank our Kra-co speak-ers with that coun-try ra-di-o. We let it

in a Hick - town,

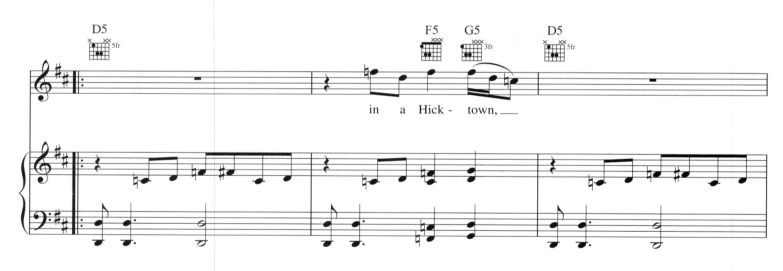

in a Hick - town, ___

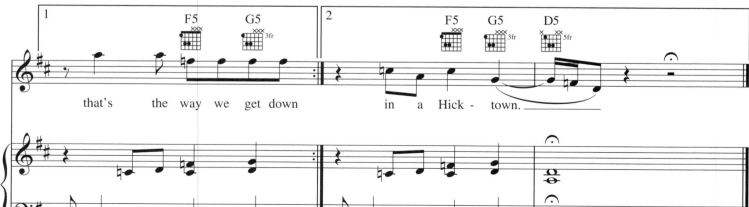

that's the way we get down in a Hick - town. ___

JOHNNY CASH

Words and Music by JOHN RICH,
VICKY McGEHEE and RODNEY CLAWSON

(Spoken:) Whatcha got?

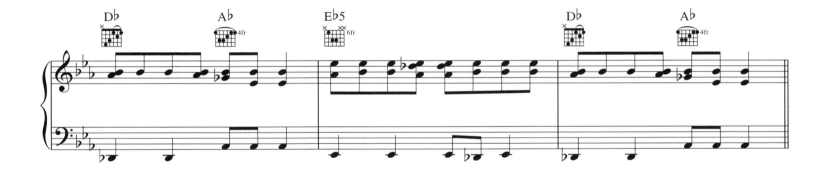

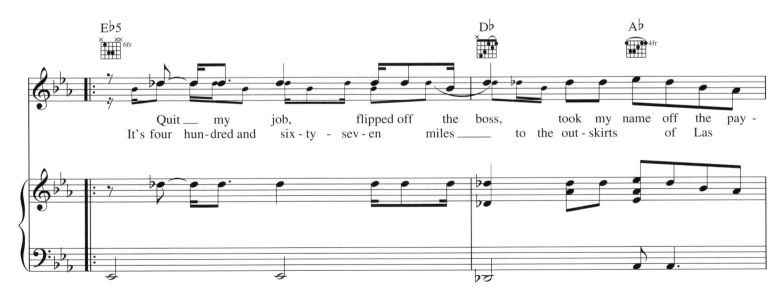

Quit __ my job, flipped off the boss, took my name off the pay-
It's four hun-dred and six-ty-sev-en miles _____ to the out-skirts of Las

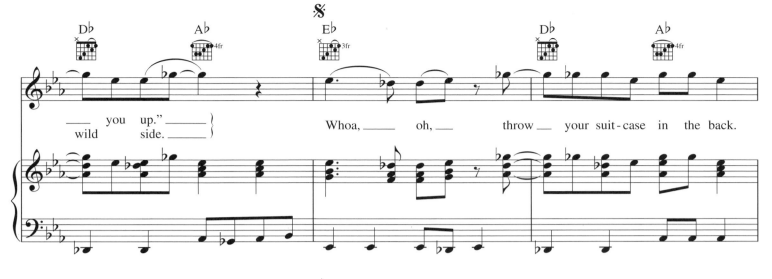

you up." / wild side.

Whoa, ___ oh, ___ throw ___ your suit-case in the back.

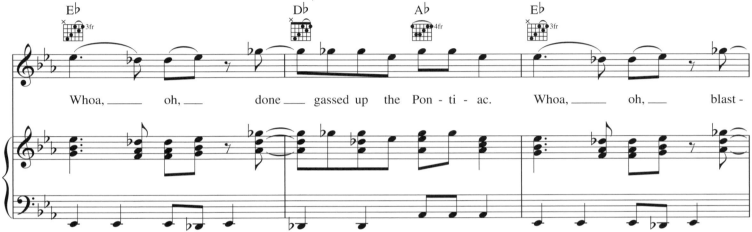

Whoa, ___ oh, ___ done ___ gassed up the Pon-ti-ac. Whoa, ___ oh, ___ blast-

-in' out to John-ny Cash. Head-in' for the high-way;

To Coda ⊕

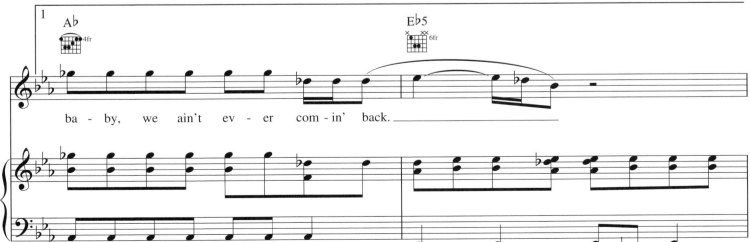

ba-by, we ain't ev-er com-in' back. ___

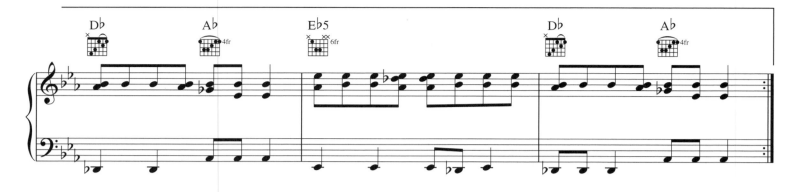

ba - by, we ain't ev - er com - in' back. _____

Instrumental solo ad lib.

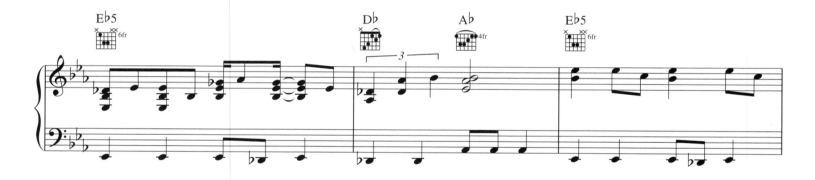

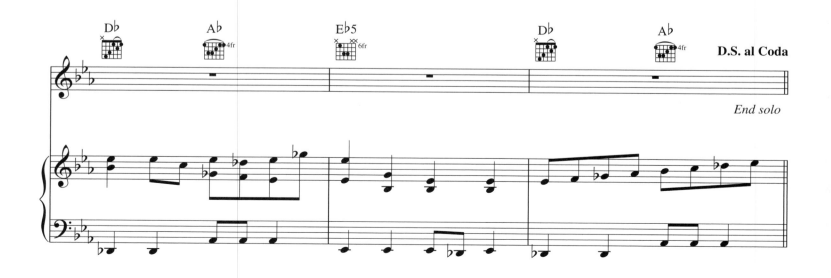

D.S. al Coda

End solo

CODA

ba - by, we ain't nev - er com - in' back. _____ *Do it!*

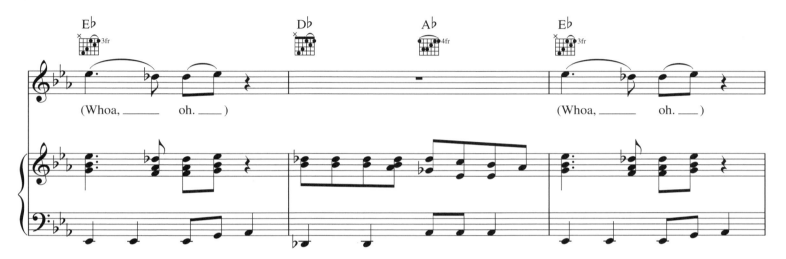

(Whoa, _____ oh. _____) (Whoa, _____ oh. _____)

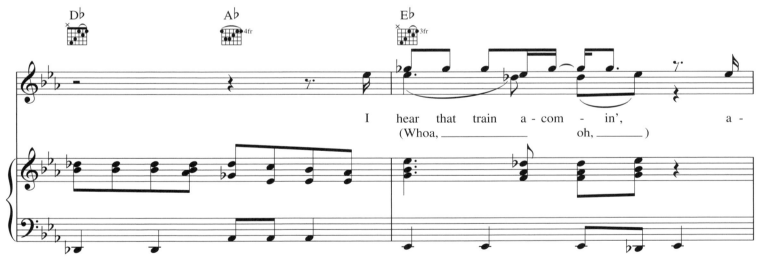

I hear that train a - com - in', a -
(Whoa, _____ oh, _____)

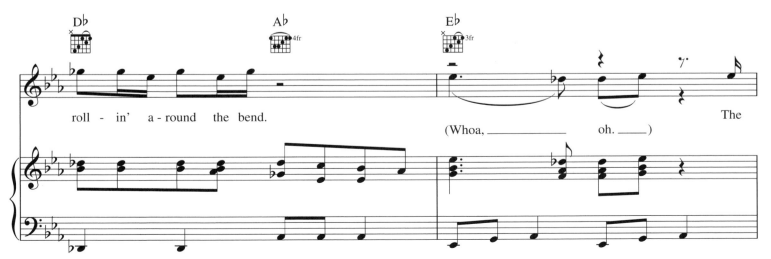

roll - in' a - round the bend. The
(Whoa, _____ oh. _____)

Man In Black gon-na rock your ass a-gain. _____ (Whoa, _____ oh. ___)

(Whoa, _____ oh. ___)

(Whoa, _____ oh. ___)

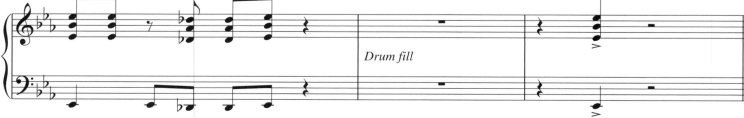

N.C.

Drum fill

LAUGHED UNTIL WE CRIED

Words and Music by KELLEY LOVELACE
and ASHLEY GORLEY

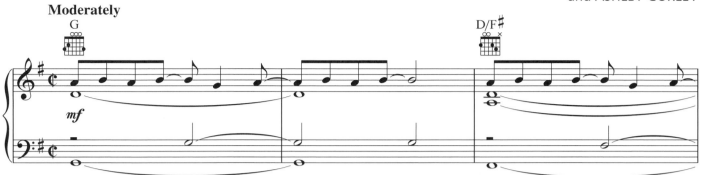

Go - in' through my clos - et the oth - er day, ___ I found an

this past year ___ my fam - i - ly ___ was

Just the oth - er night ___ the ba - by was cry'n', ___ so I

old year - book, ___ flipped right ___ to the page ___ of that se - nior trip ___

sit - tin' cross - leg - ged 'round the ___ Christ - mas tree ___ lis - t'nin' to Grand - dad. ___

got out of bed and rocked ___ her a while ___ and I held her tight. ___

livin'. Didn't waste one __ min - ute. We talked __
livin', sit - tin' there rem - i - nisc - in'. We sang __
livin', go - in' cra - zy in the kitch - en. We danced __

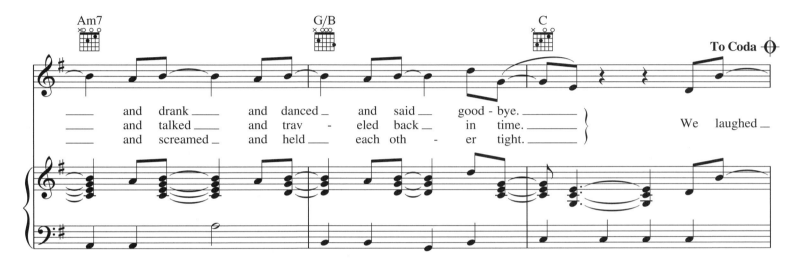

__ and drank __ and danced __ and said __ good - bye. __ }
__ and talked __ and trav - eled back __ in time. __ } We laughed __
__ and screamed __ and held __ each oth - er tight. __ }

To Coda ⊕

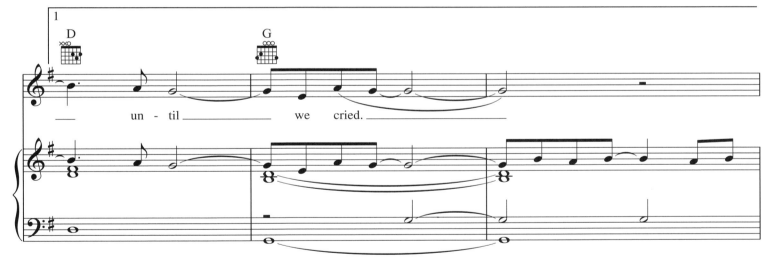

1.
__ un - til __ we cried. __

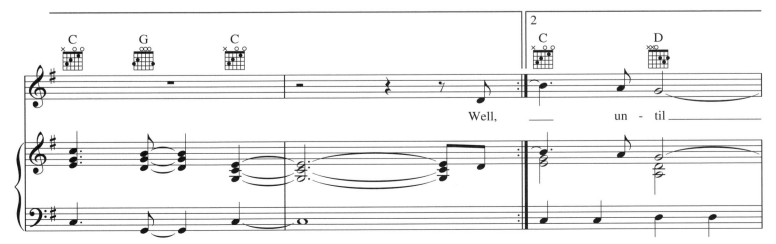

2.
Well, __ un - til __

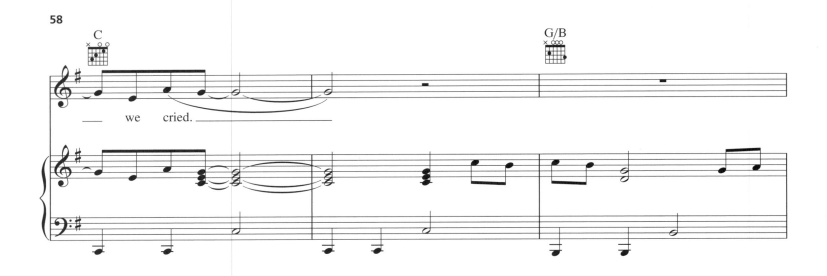

we cried.

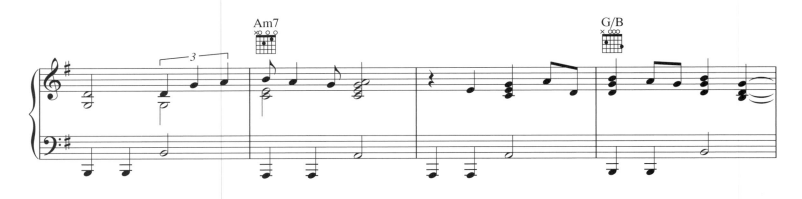

It's like the best days un-der the sun,_____

ev-'ry e-mo-tion rolled in-to one. A lit-tle of this,___

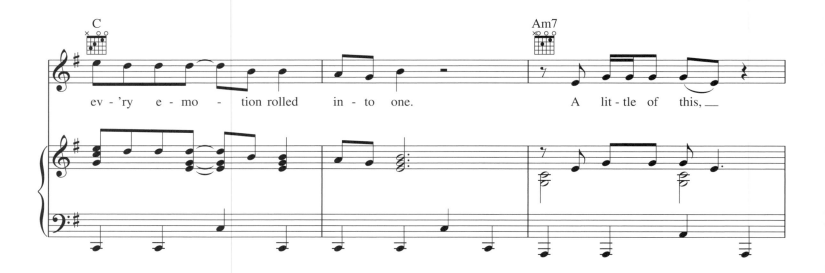

a lit-tle of that; ___ kind-a hap-py, kind of sad. ___

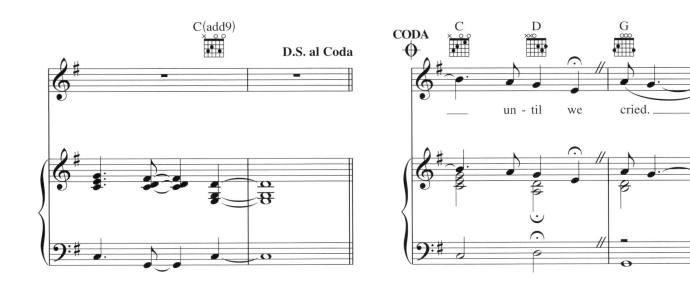

D.S. al Coda

CODA

___ un-til we cried. ___

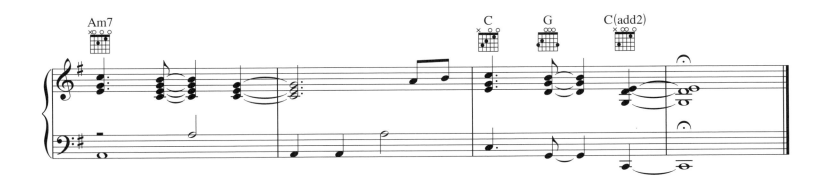

MY KINDA PARTY

Words and Music by
BRANTLEY GILBERT

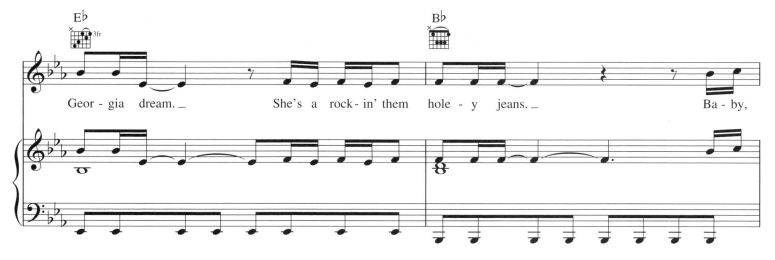

Geor-gia dream. _ She's a rock-in' them hole-y jeans. _ Ba-by,

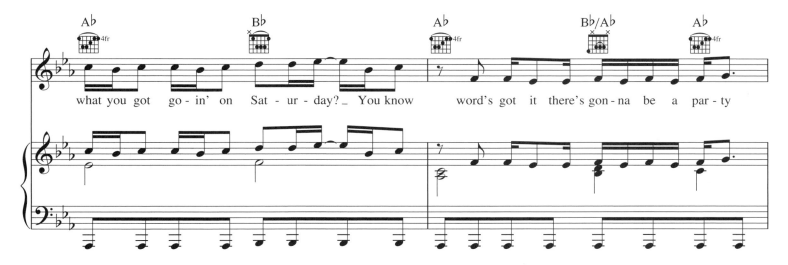

what you got go-in' on Sat-ur-day? _ You know word's got it there's gon-na be a par-ty

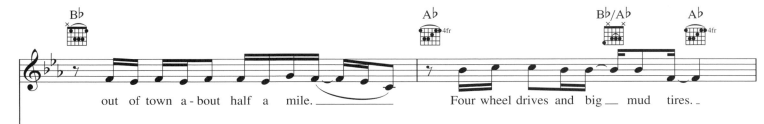

out of town a-bout half a mile. _ Four wheel drives and big _ mud tires. _

Mus-ca-dine _ wine. _ Oh, ba-by, you can find me in the back of a jacked up

If you wan - na drink, go on ba - by, just

do your thing. _ Give up your keys. _ Hell, _

_ why drive _ when you can stay with me? _ And then af - - ter while _ we'll sneak a - way from the bon - fire,

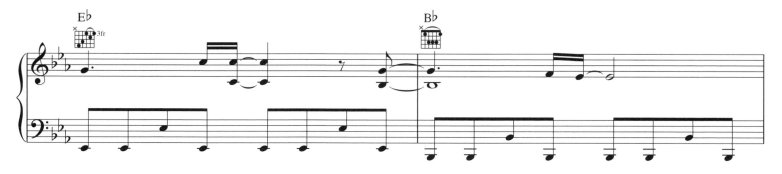

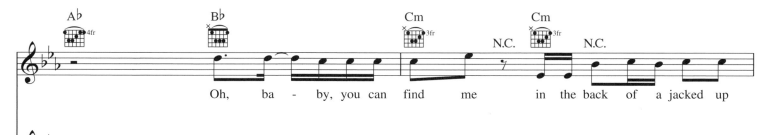

Oh, ba - by, you can find me in the back of a jacked up

tail - gate, sit - tin' 'round watch - in' all these pret - ty things _____

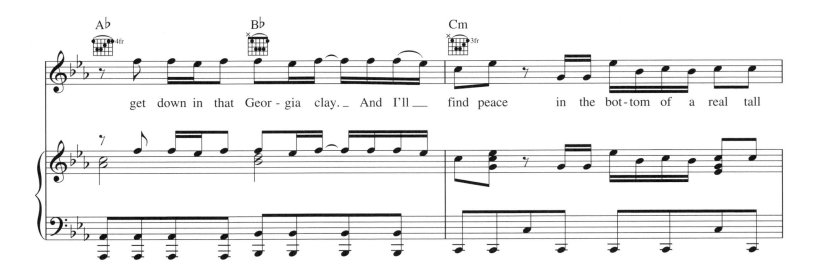

get down in that Geor - gia clay. _ And I'll _ find peace in the bot - tom of a real tall

cold drink, chill-in' with some Sky-nyrd and some old Hank. _____ Let's

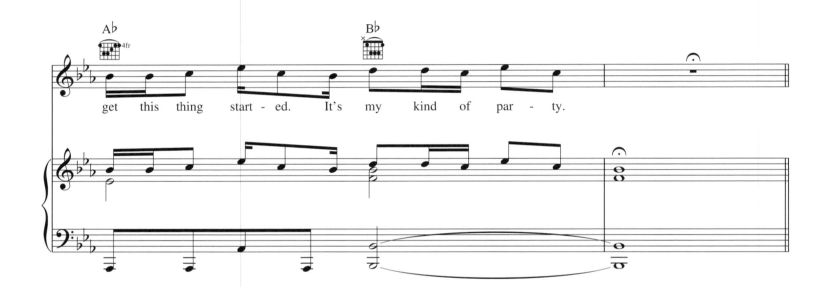

get this thing start-ed. It's my kind of par-ty.

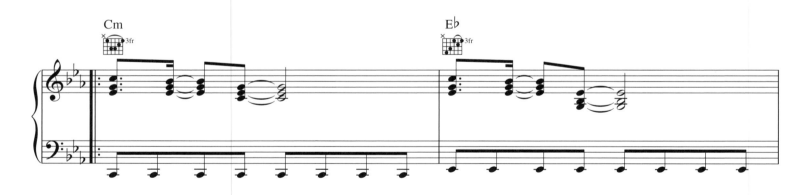

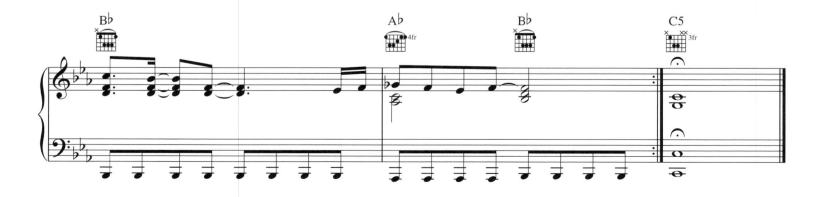

THE ONLY WAY I KNOW

Words and Music by DAVID LEE MURPHY
and BEN HAYSLIP

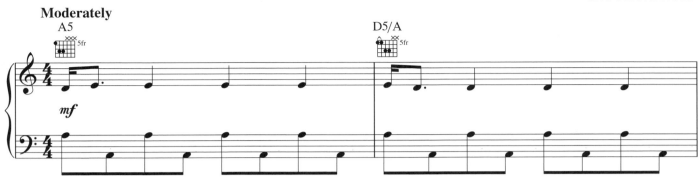

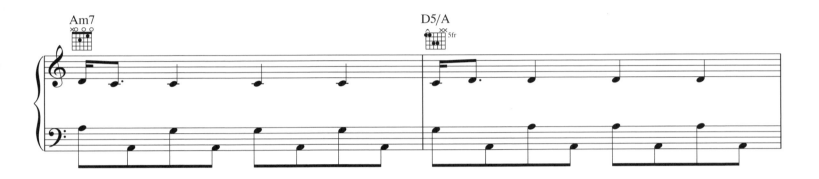

(Spoken:) Well, I

D.S. al Coda

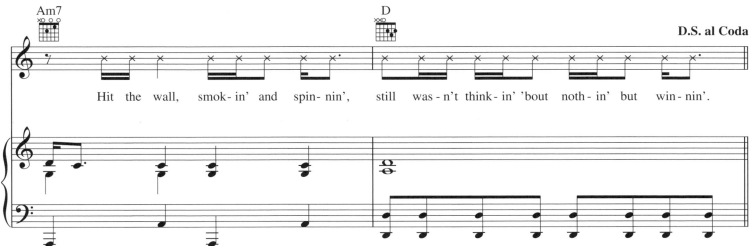

Hit the wall, smok- in' and spin- nin', still was-n't think- in' 'bout noth- in' but win- nin'.

CODA

know.

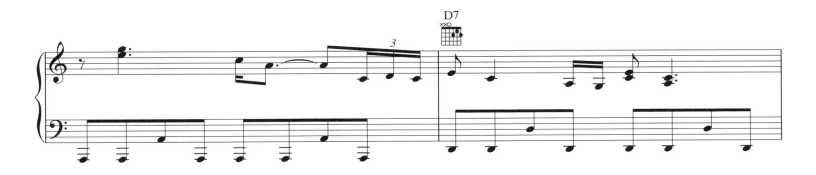

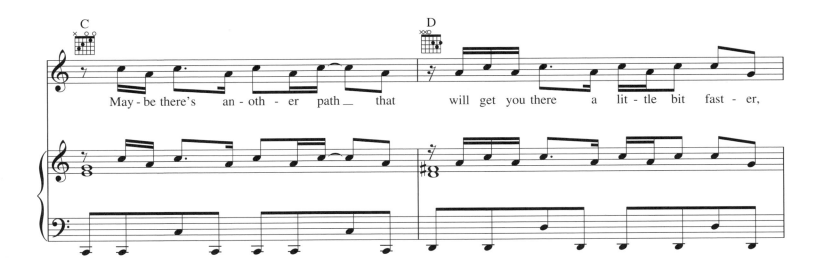

May- be there's an- oth- er path __ that will get you there a lit- tle bit fast- er,

SHE'S COUNTRY

Words and Music by DANNY MYRICK
and BRIDGETTE TATUM

Moderately with a hard back beat

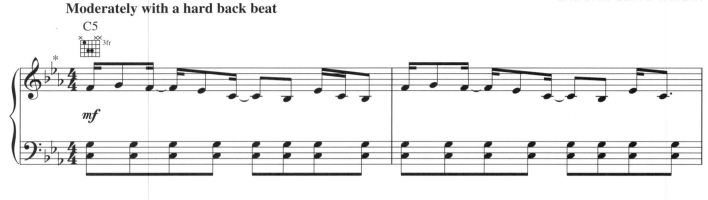

She's a

* Recorded a half step higher.

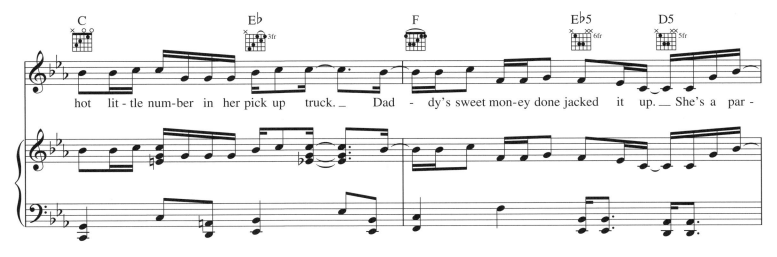

hot lit-tle num-ber in her pick up truck.__ Dad - dy's sweet mon-ey done jacked it up.__ She's a par-

- ty all night-er from South __ Car-o-lin-a, a bad ma-ma-jam-ma from down __ in Al-a-bam-a. She's a

rag - in' Ca - jun, lun - a - tic from Bruns-wick, juic - y Geor-gia peach with a
Kan - sas Prin - cess, cra - zy moth - er truck - er, un - der cov - er lov - er.__

thick South-ern drawl, __ sex - y, swing-in' walk, broth - er, she's all

TAKE A LITTLE RIDE

Words and Music by DYLAN ALTMAN,
JAMES McCORMICK and RODNEY CLAWSON

Moderately

Been go - in' round and round ___ all day, ___ bail-
I hope you're wear - in' those frayed - out cut - offs,

- in' some hay, ___ and stack - in' it all ___ up. Can't wait for the sun ___
makes me wan - na get lost out in the moon - light. Drop the tail - gate down _

___ to go down, roll ___ in - to town, shine ___ the old truck up.
___ on a turn road, watch the corn grow. Ba - by, that's a good night.

_____ up the ra - di - o.
_____ up the ra - di - o.
_____ can play my ra - di - o.

Put your pret-ty pink toes on the dash, lean _____ your seat back.

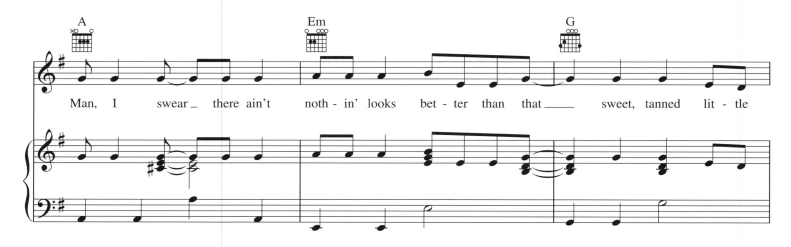

Man, I swear _____ there ain't noth-in' looks bet-ter than that _____ sweet, tanned lit-tle

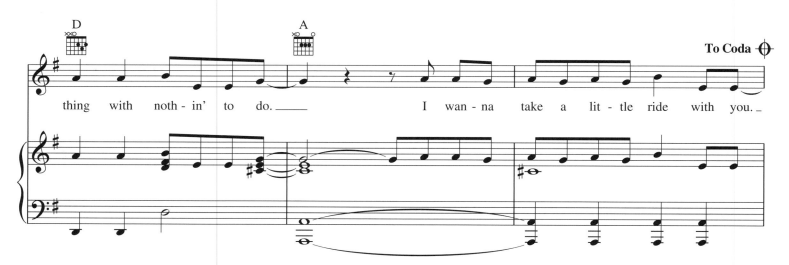

thing with noth-in' to do. _____ I wan-na take a lit-tle ride with you. _

To Coda ⊕

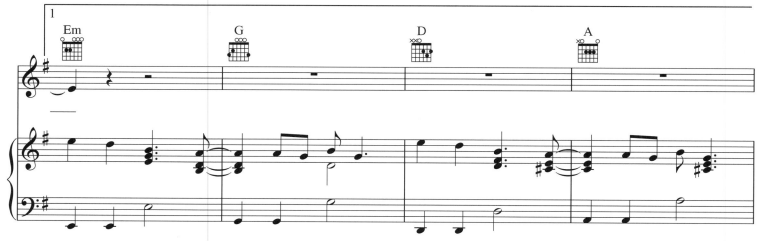

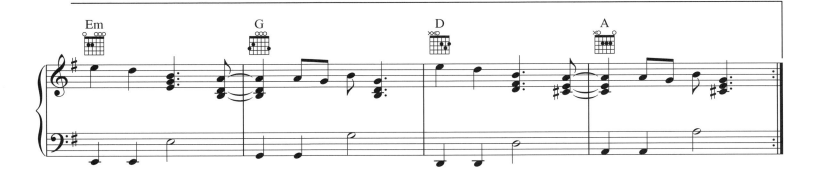

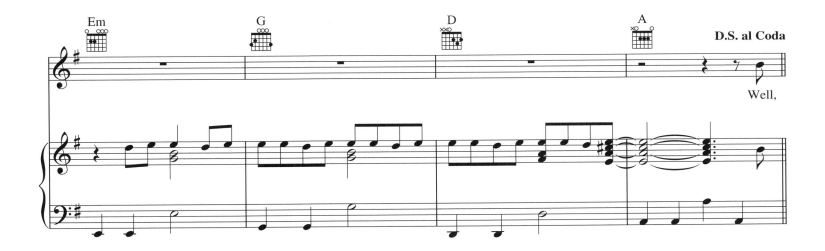

Well,

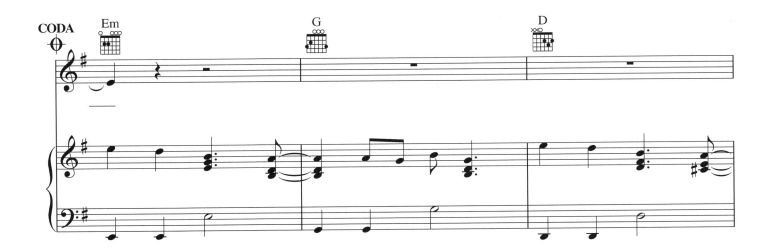

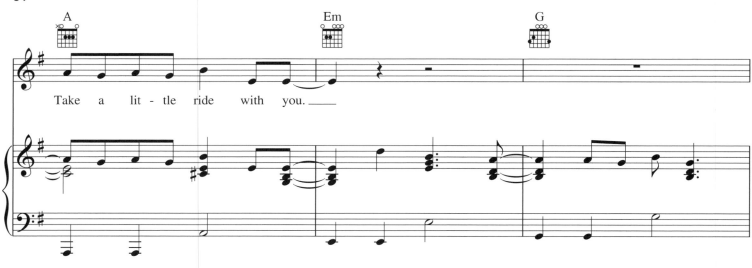

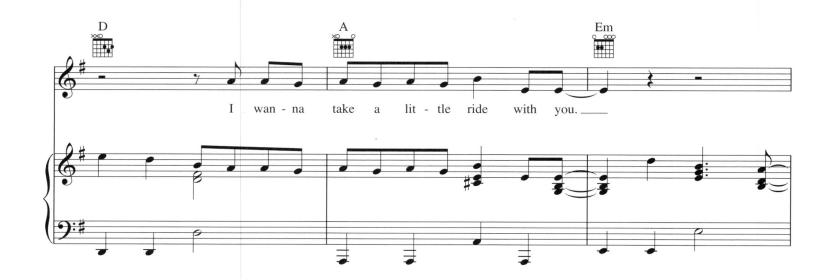

Take a lit-tle ride with you. ___

I wan-na take a lit-tle ride with you. ___

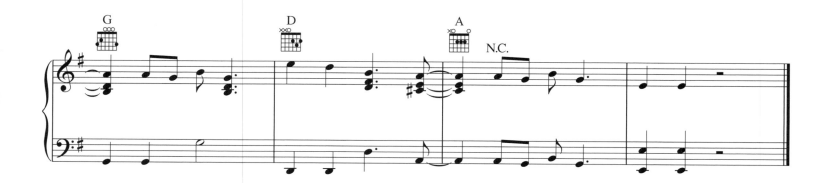

TATTOOS ON THIS TOWN

Words and Music by NEIL THRASHER,
WENDELL MOBLEY and MICHAEL DULANEY

Moderately slow

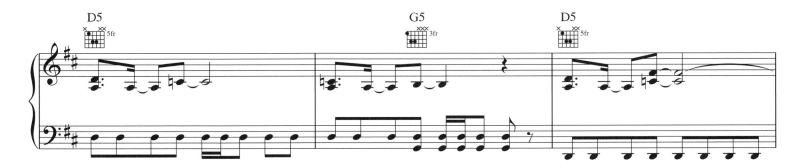

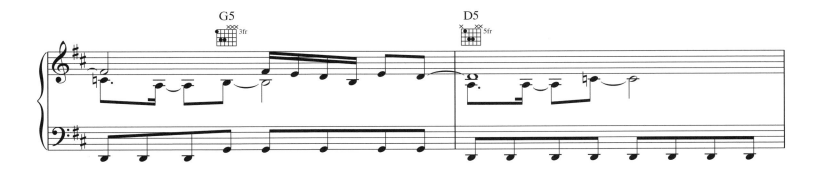

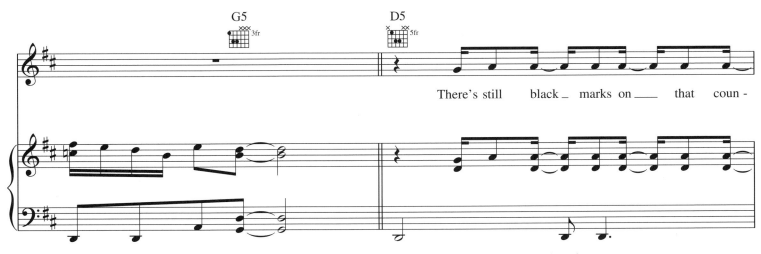

There's still black marks on that coun-

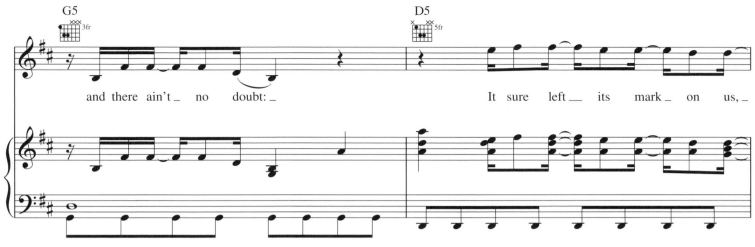

and there ain't_ no doubt:_   It sure left_ its mark_ on us,_

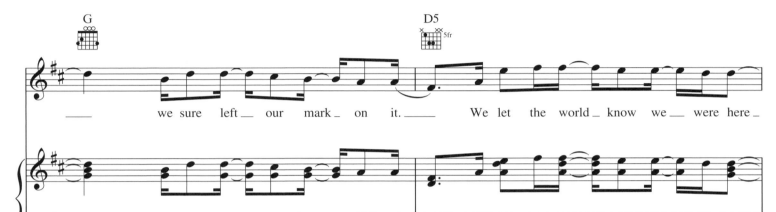

__ we sure left_ our mark_ on it. __ We let the world_ know we_ were here_

__ with ev - 'ry - thing_ we did. __ We laid a lot_ of mem - o - ries down,_

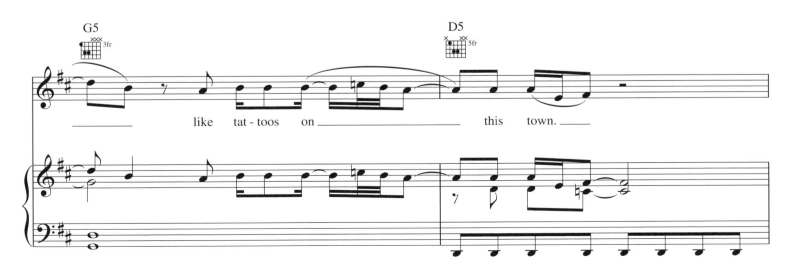

_____ like tat - toos on _____ this town. ____

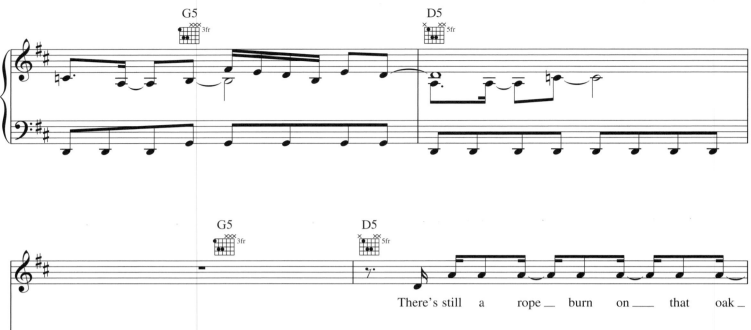

There's still a rope burn on that oak

branch that hangs o - ver the riv - er. I still got the scar from

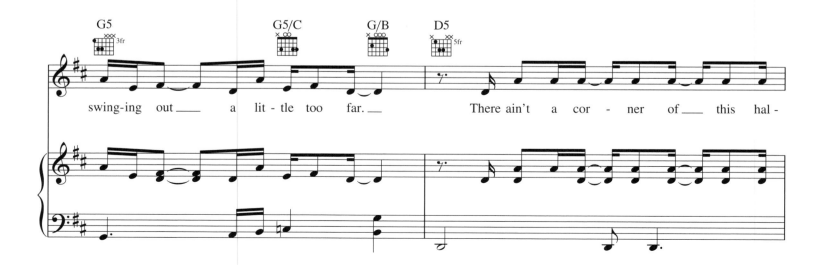

swing-ing out a lit-tle too far. There ain't a cor-ner of this hal-

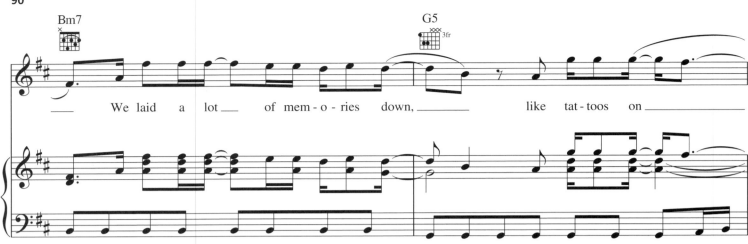

We laid a lot __ of mem-o-ries down, _____ like tat-toos on _____

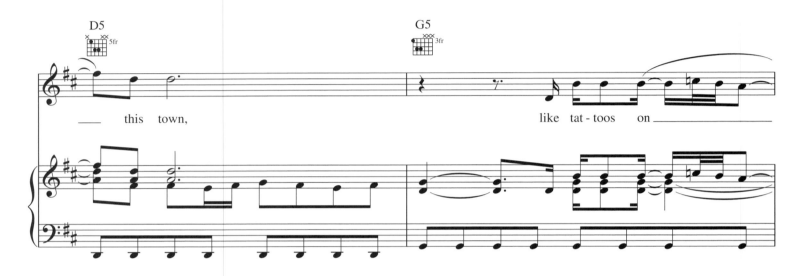

__ this town, like tat-toos on _____

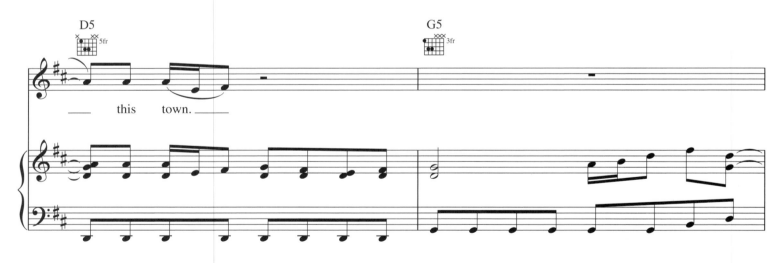

__ this town. _____

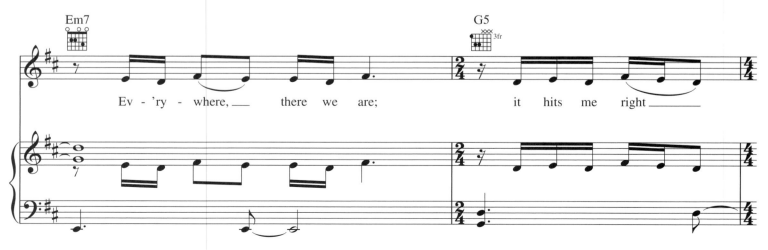

Ev-'ry-where, __ there we are; it hits me right _____

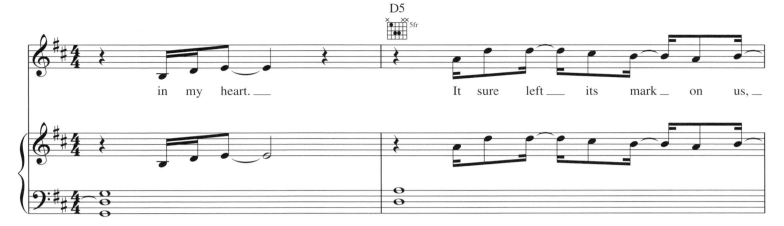

in my heart. ___ It sure left ___ its mark ___ on us, ___

___ we sure left ___ our mark ___ on it. ___ We let the world ___ know we ___ were here ___

___ with ev - 'ry - thing ___ we did. ___ We laid a lot ___ of mem - o - ries down, ___

and we'll al - ways ___ be hang - in' 'round ___

like tat - toos on _____ this town,

like tat - toos on _____ this town. ____

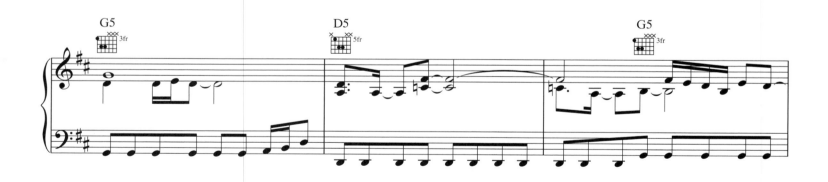

THE TRUTH

Words and Music by BRETT JAMES
and ASHLEY MONROE

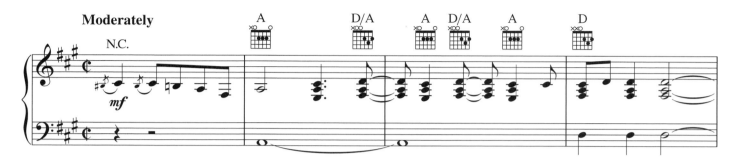

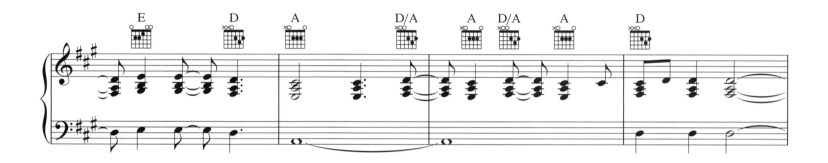

Tell 'em all ___ I'm on ___ va - ca - tion,
Tell 'em all ___ I'm out ___ in Ve - gas,

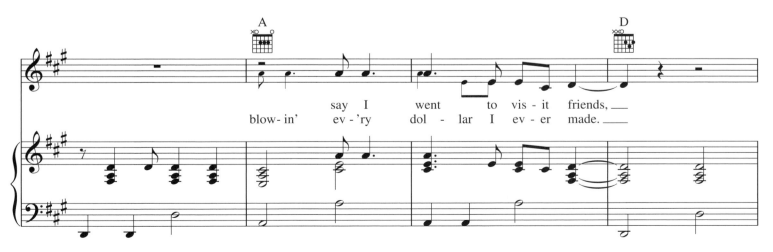

say I went to vis - it friends, ___
blow-in' ev - 'ry dol - lar I ev - er made. ___

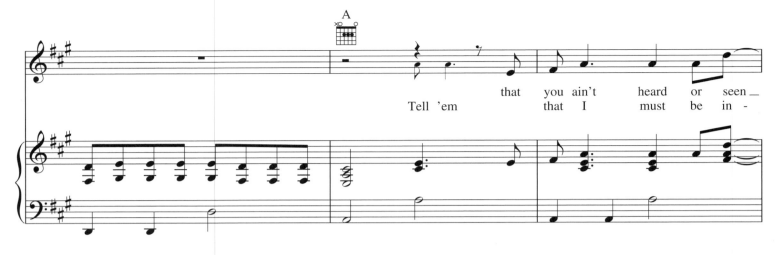

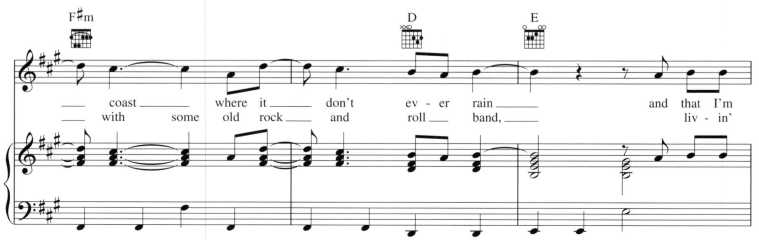

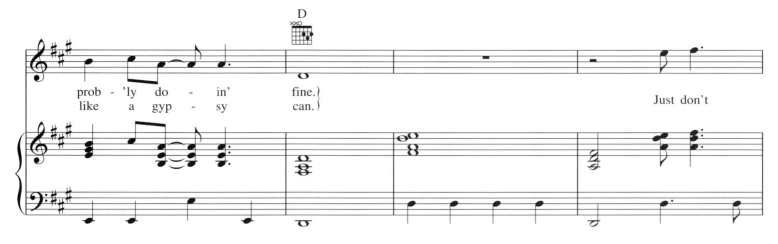

prob - 'ly do - in' fine.
like a gyp - sy can.

Just don't

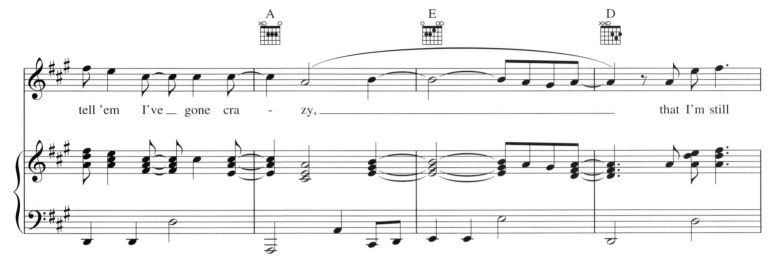

tell 'em I've __ gone cra - zy, _____ that I'm still

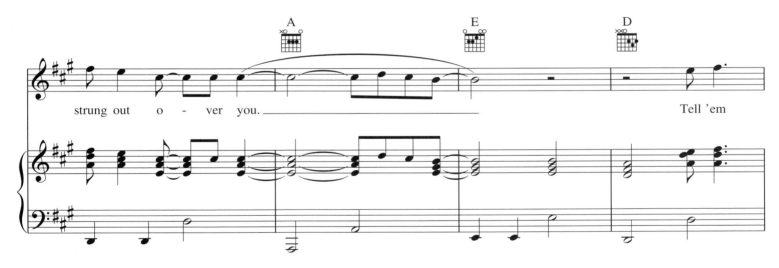

strung out o - ver you. _____ Tell 'em

an - y - thing __ you __ want __ to, just don't tell 'em all the truth. __

Yeah, don't _____ tell 'em all _____ the truth. _____

The truth is that I'm ask-in' you ___ to lie, _____

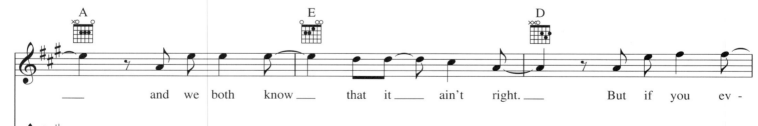

___ and we both know ___ that it ___ ain't right. ___ But if you ev-

-er loved __ me, please __ have some mer - cy on __ me, __

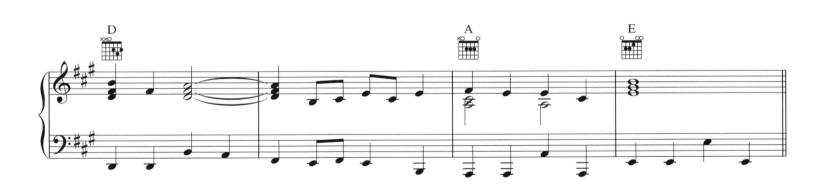

yeah. __

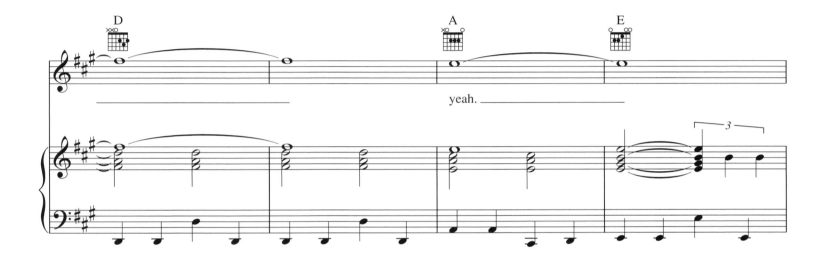

Tell 'em an - y - thing __ you __ want __ to, just don't

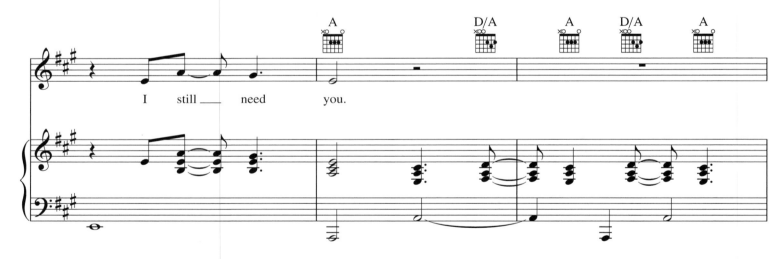

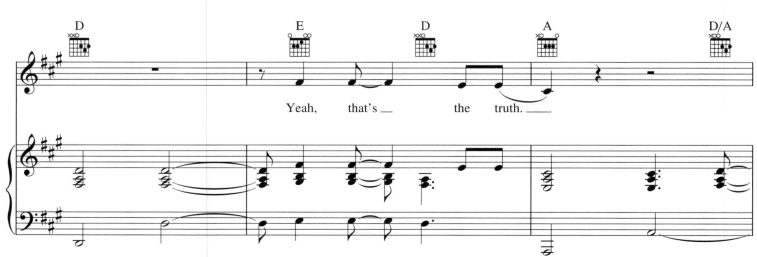

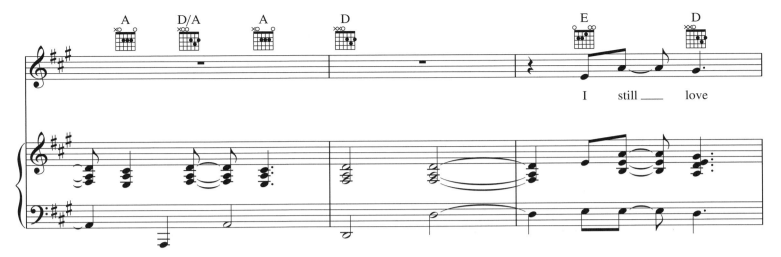

I still ___ love

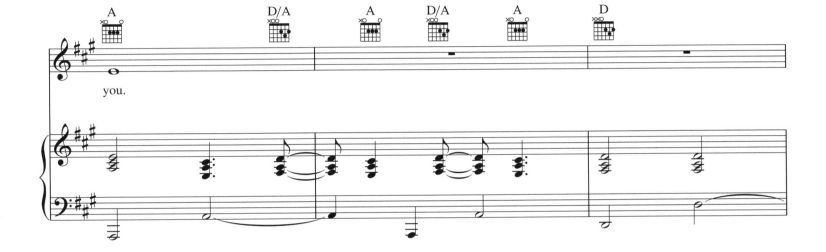

you.

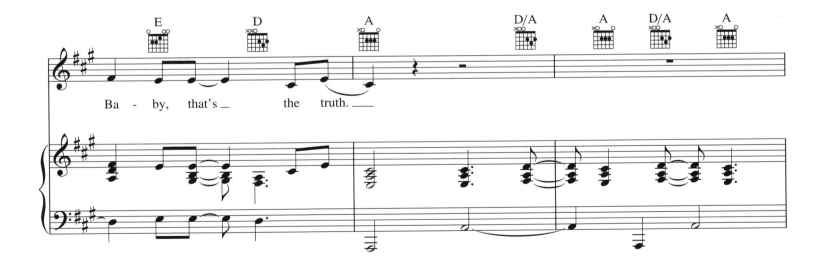

Ba - by, that's ___ the truth. ___

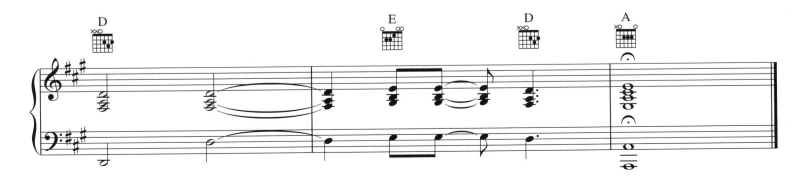

WHY

Words and Music by JOHN RICH,
VICKY McGEHEE and RODNEY CLAWSON

Moderately slow

It's three A. M.

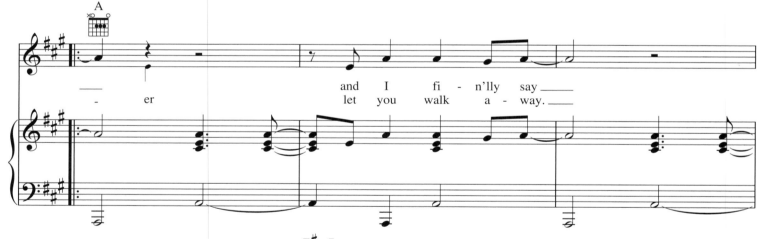

___ -er   and I fi - n'lly say ___
let you walk a - way. ___

I'm _____ sor - ry   for act - in' that
So, why ___ do I   push you till you

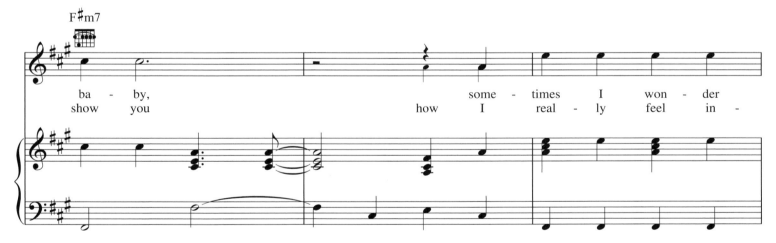

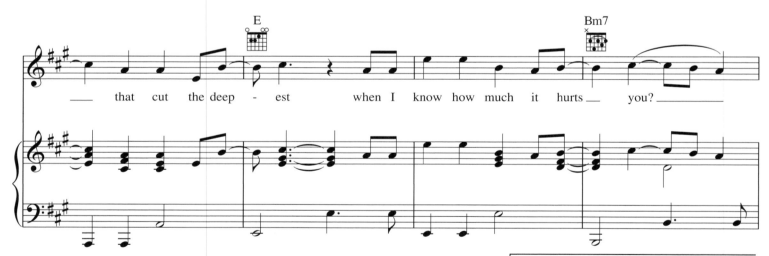

that cut the deep-est when I know how much it hurts

you? Oh, ba-by, why do I do that to you?

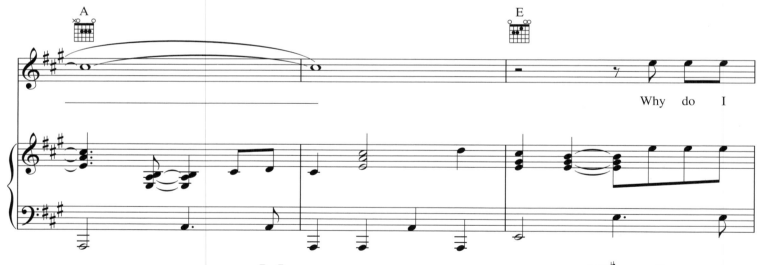

Why do I

do that to you?